If Lost, Please Return To:

Name:_____

Phone:_____

Email:_____

Color Test Page

Color Test Page

Color Test Page

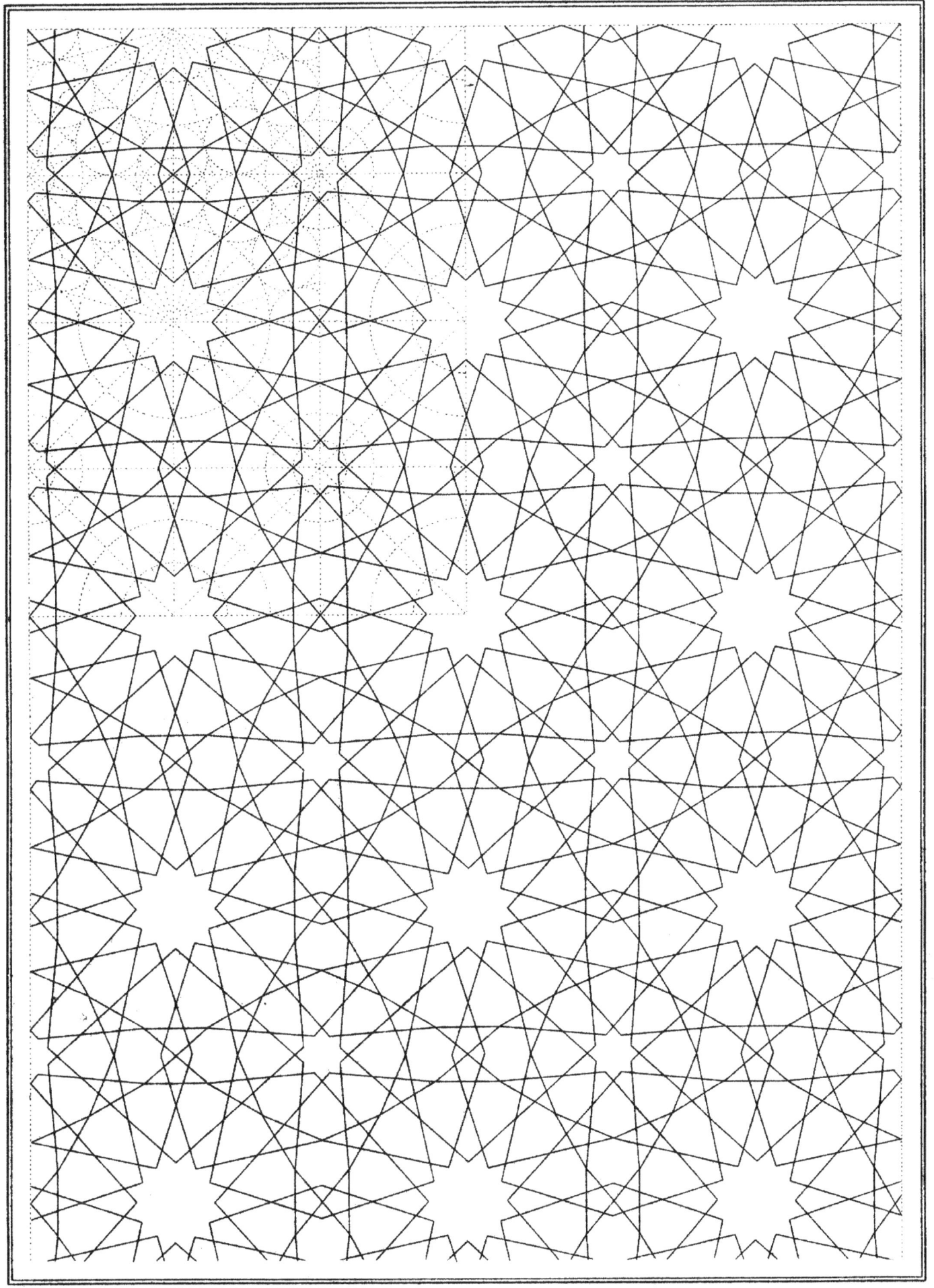

BONUS

Hexagon Paper Game

This is a short game, having a maximum of 15 moves and the game can never end in a tie. It is intended to be a game for two players.

Each player should select a different colored pen or pencil.

Players take it in turns to connect two dots.

The goal is to avoid completing a triangle with all three sides in your own color.

The first person to complete a triangle in their color loses.

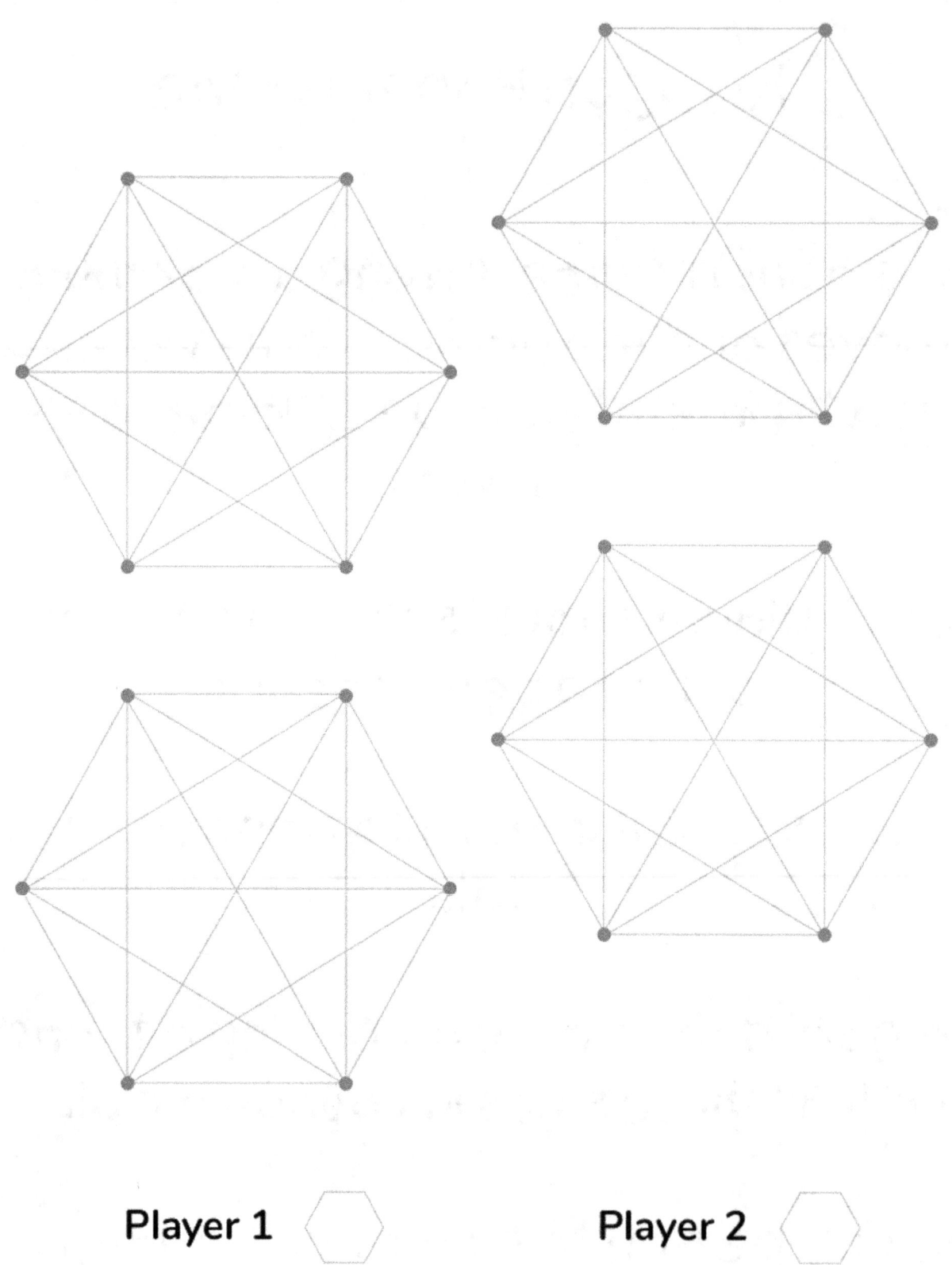

Player 1 ⬡   Player 2 ⬡

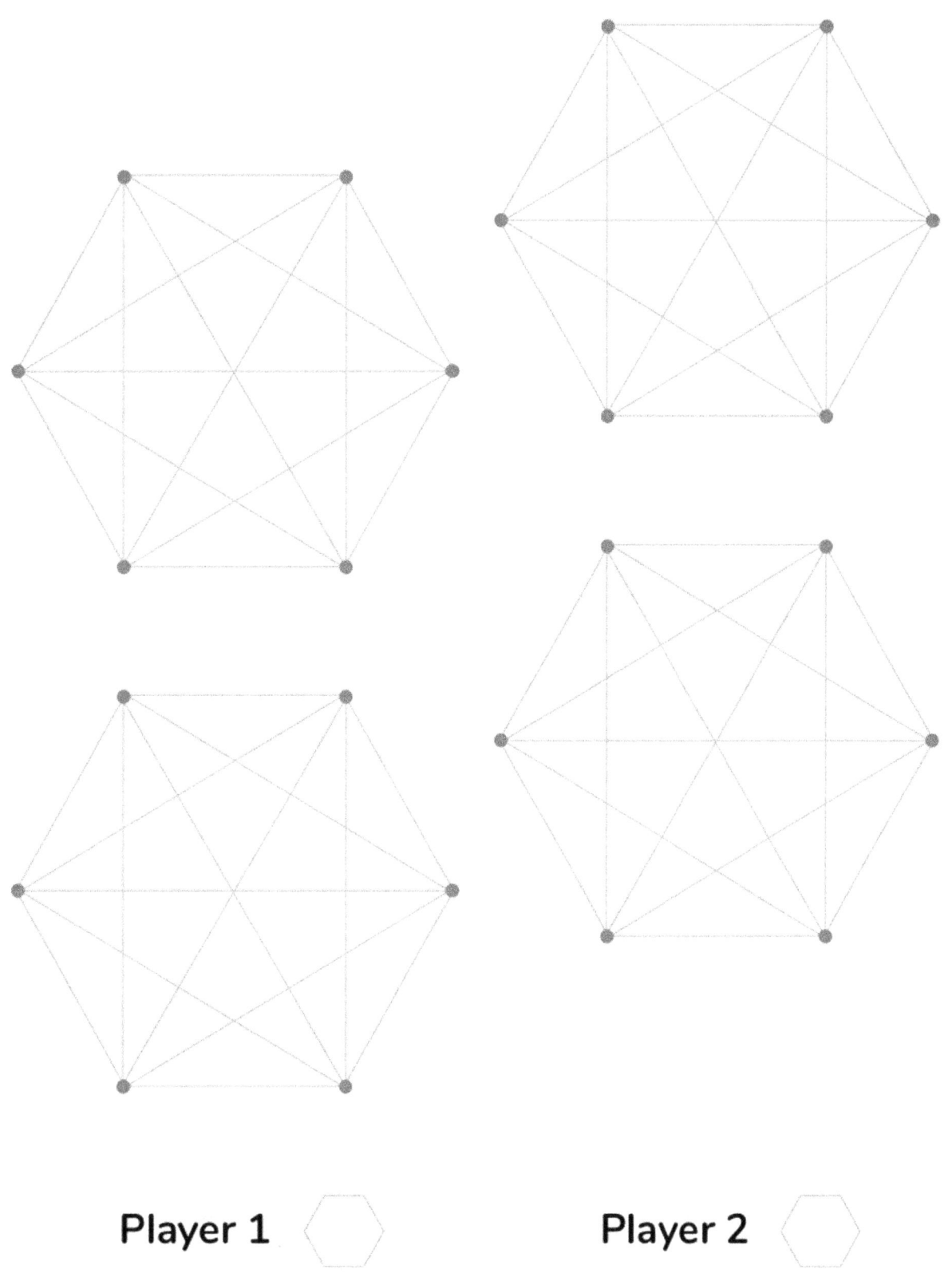

Player 1 ⬡   Player 2 ⬡

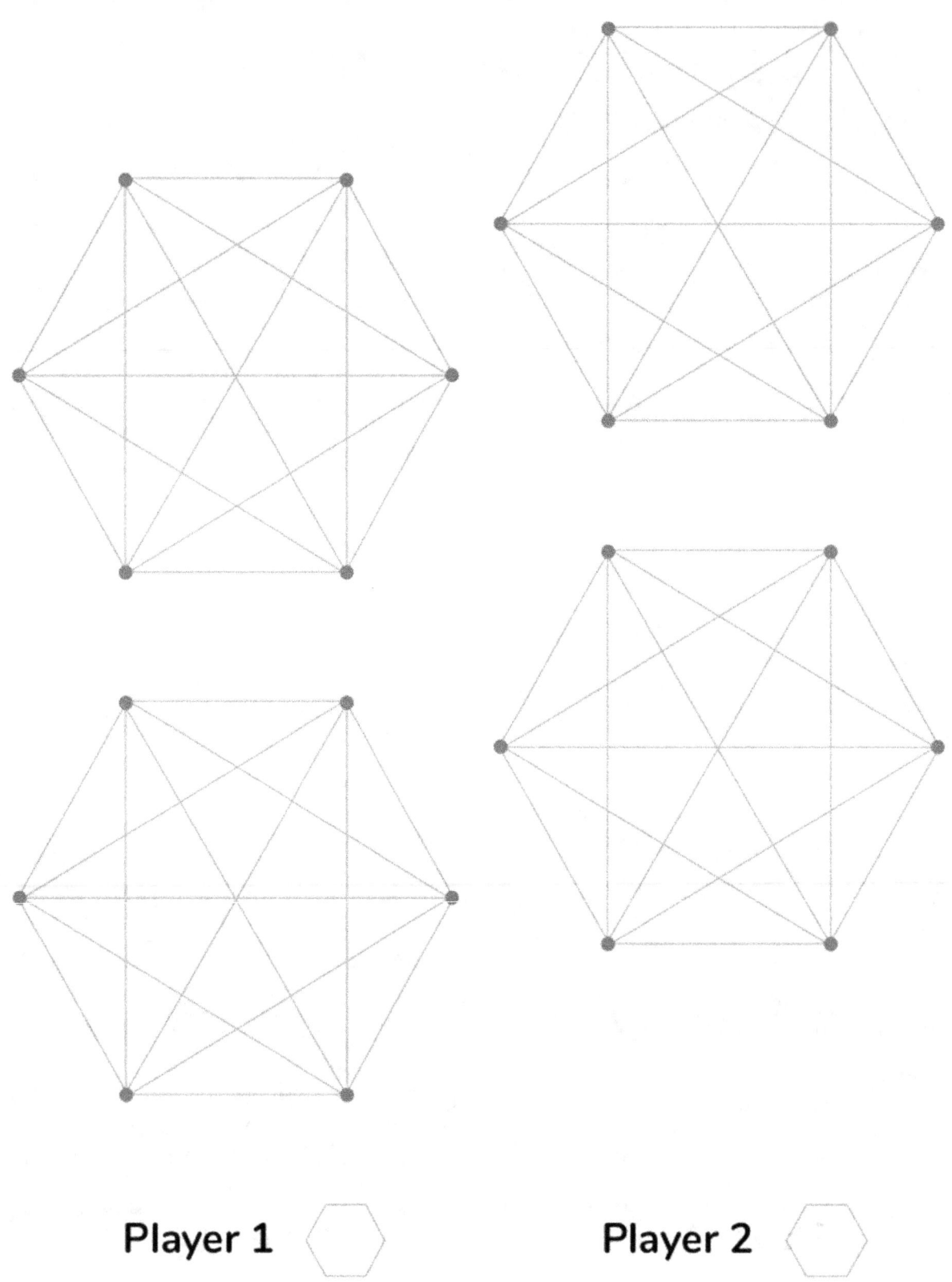

Player 1 ⬡ **Player 2** ⬡

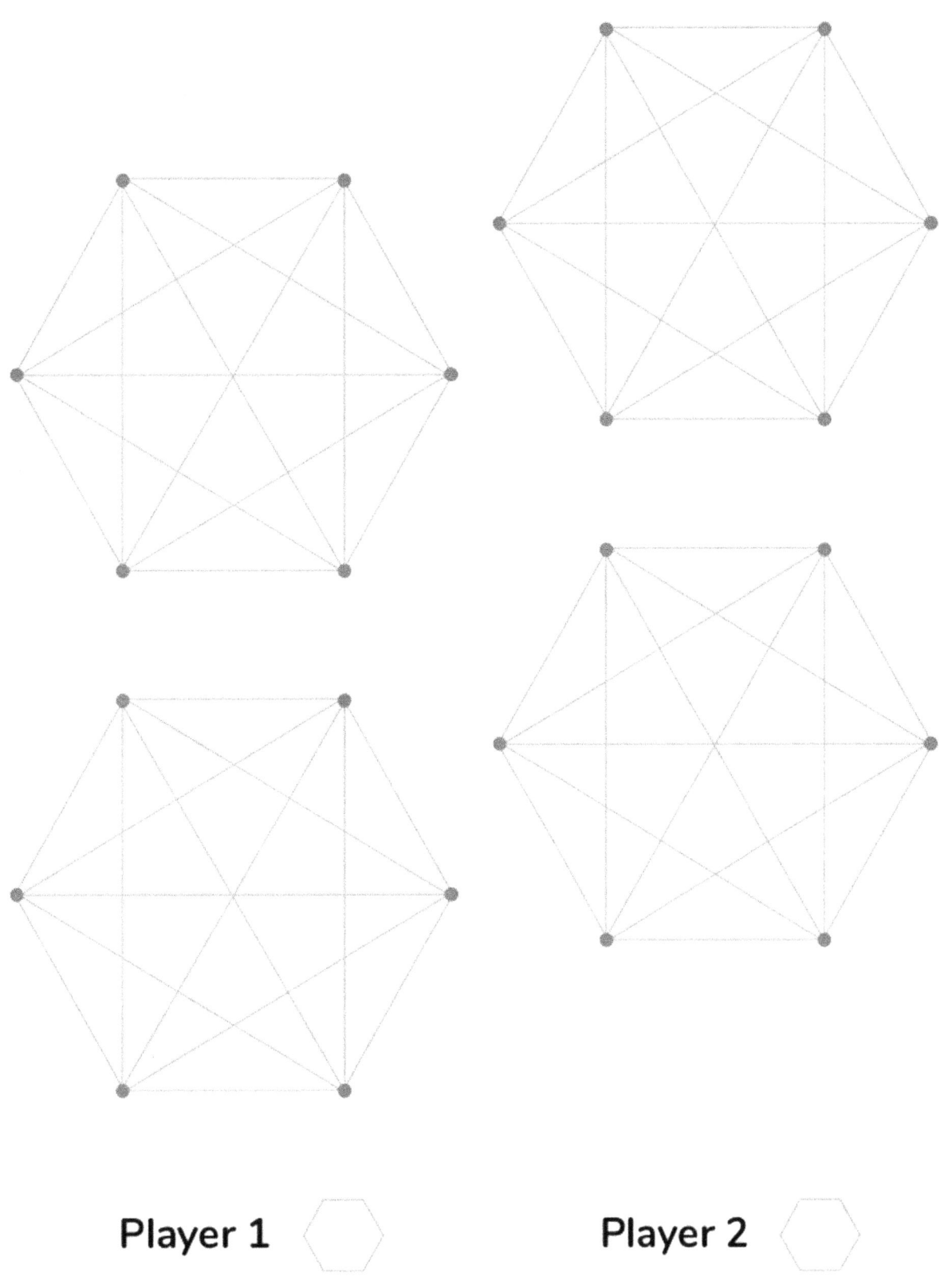

Player 1　　⬡　　Player 2　　⬡

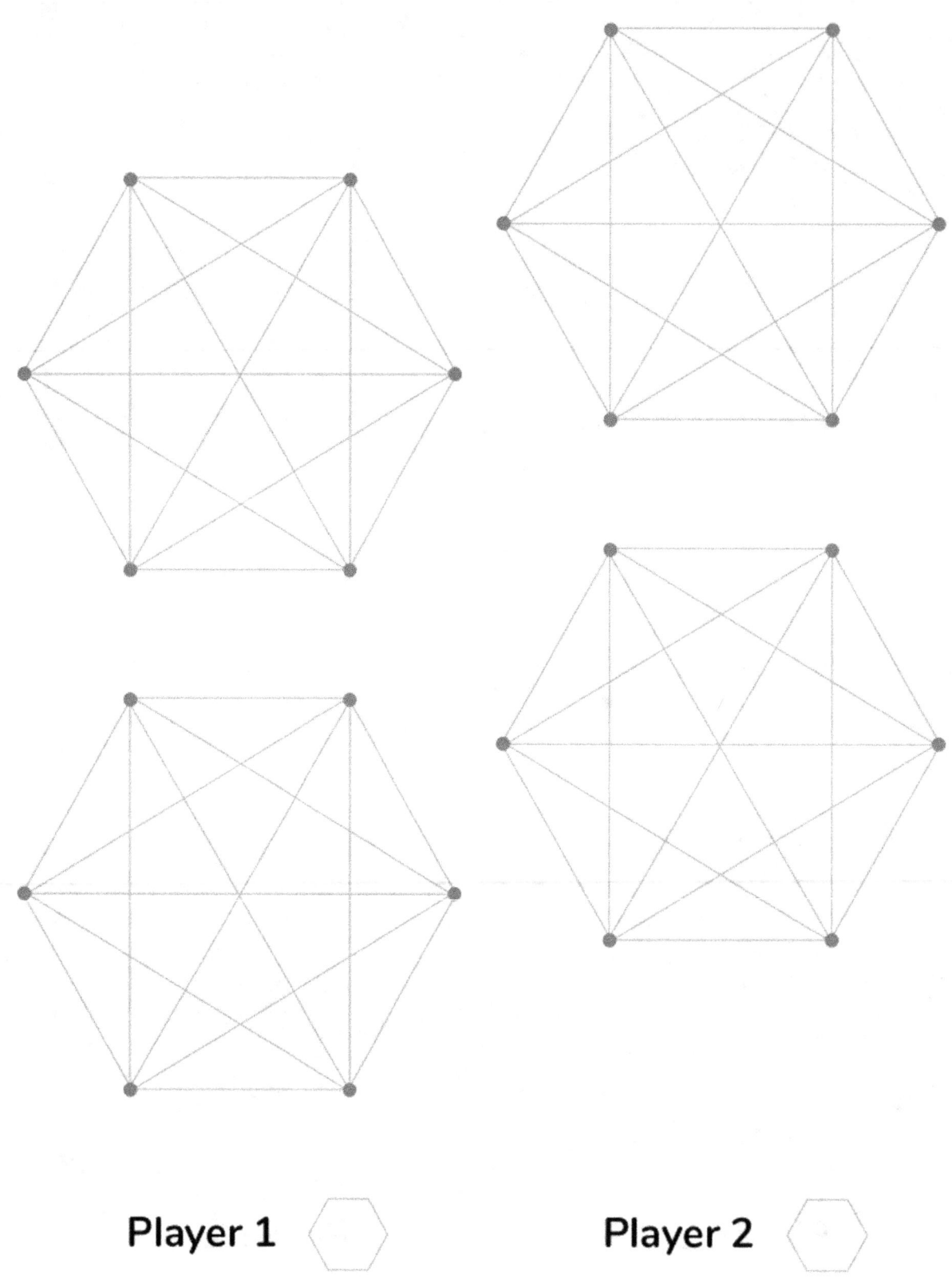

Player 1 ⬡　　　**Player 2** ⬡

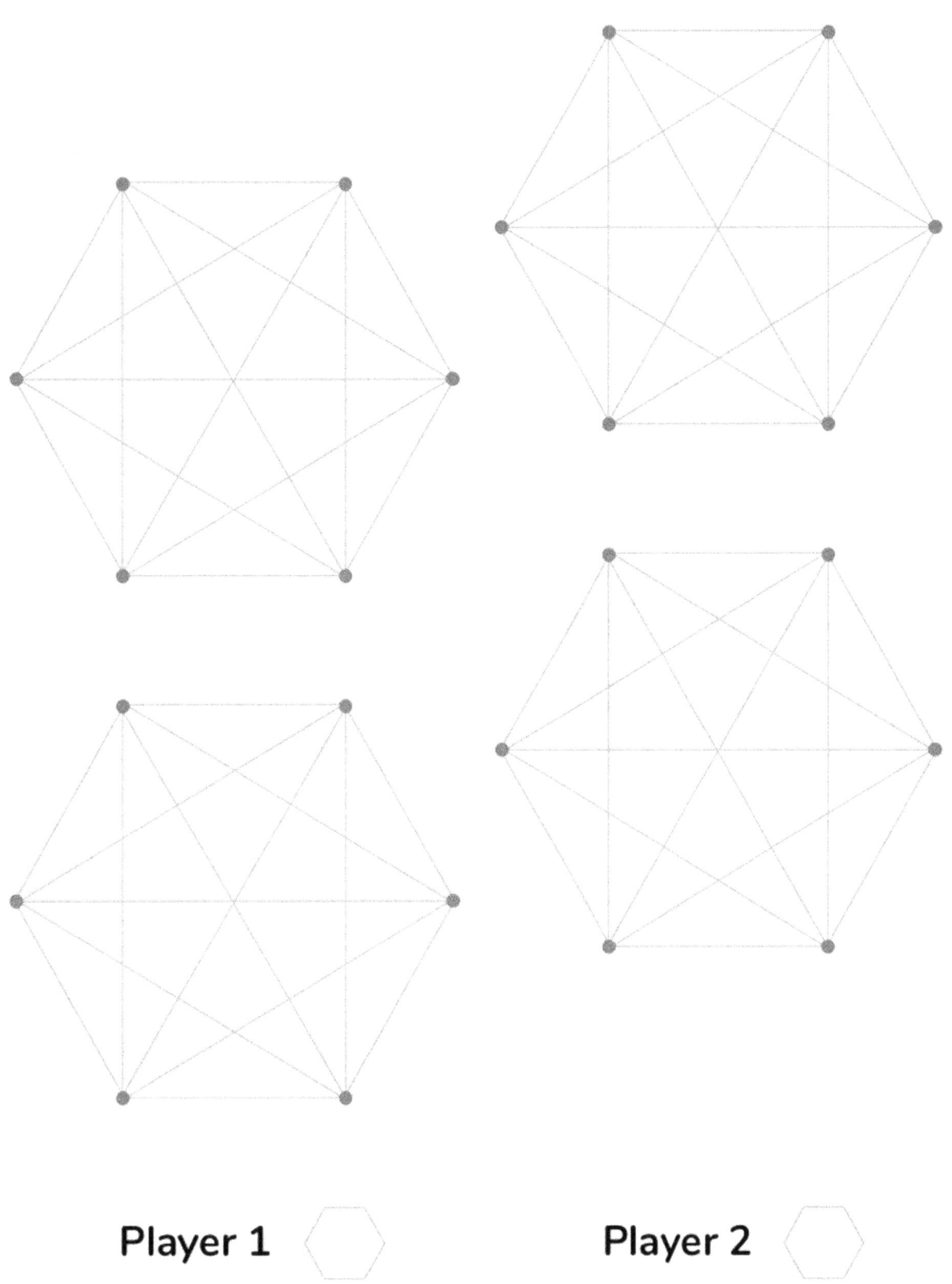

Player 1 ⬡　　　　**Player 2** ⬡

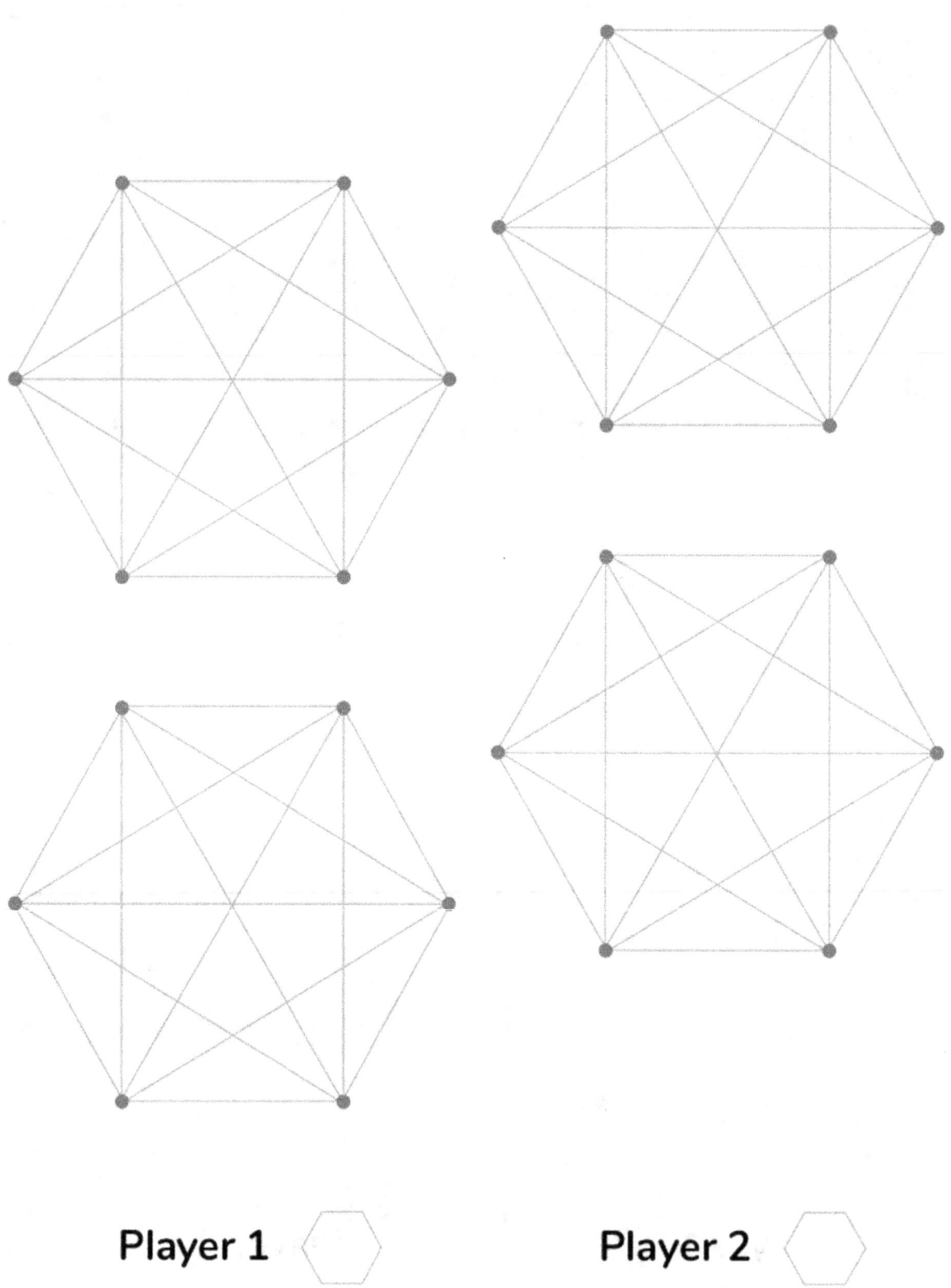

Player 1 ⬡　　　**Player 2** ⬡

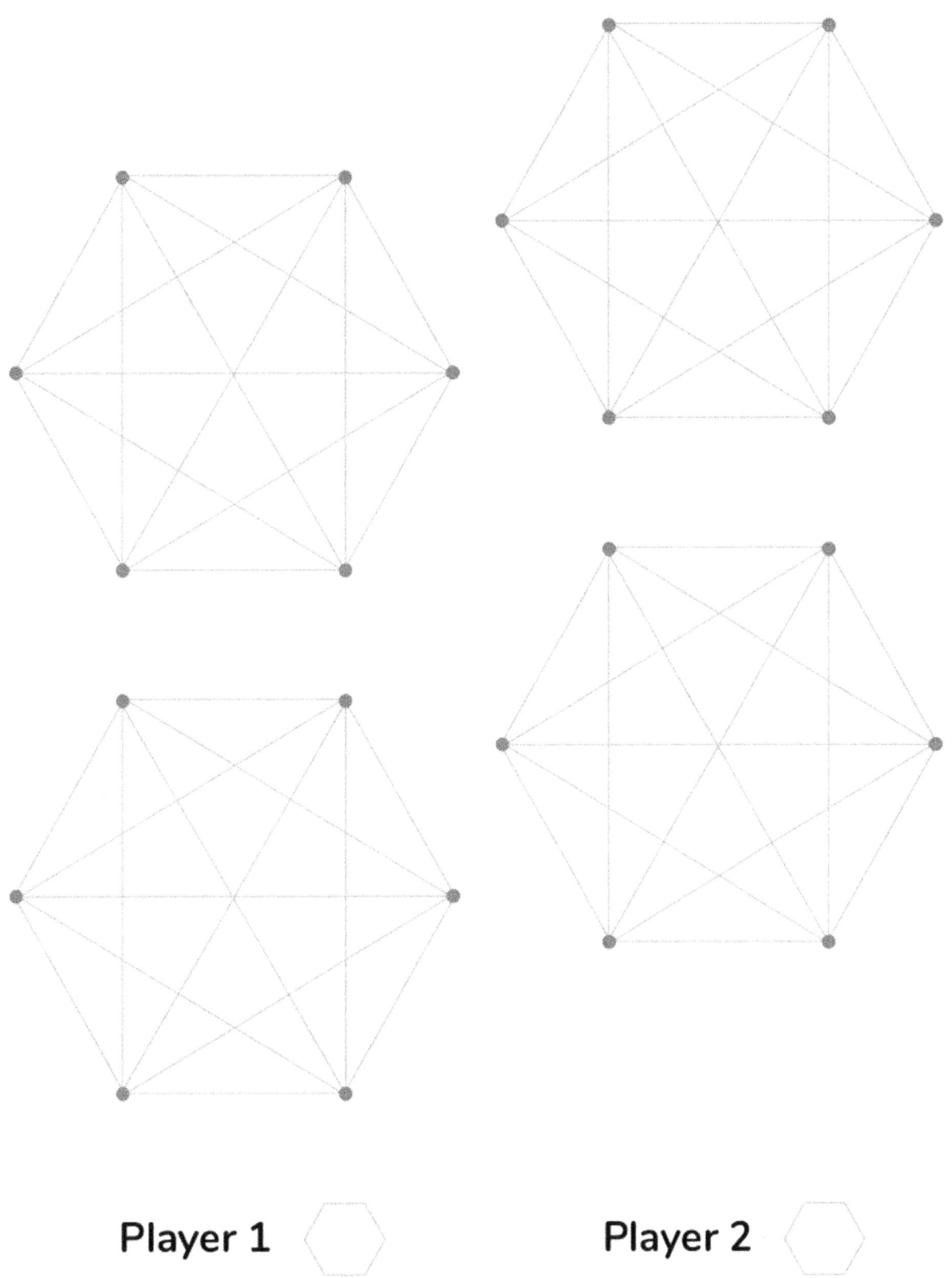

Player 1 ⬡   **Player 2** ⬡

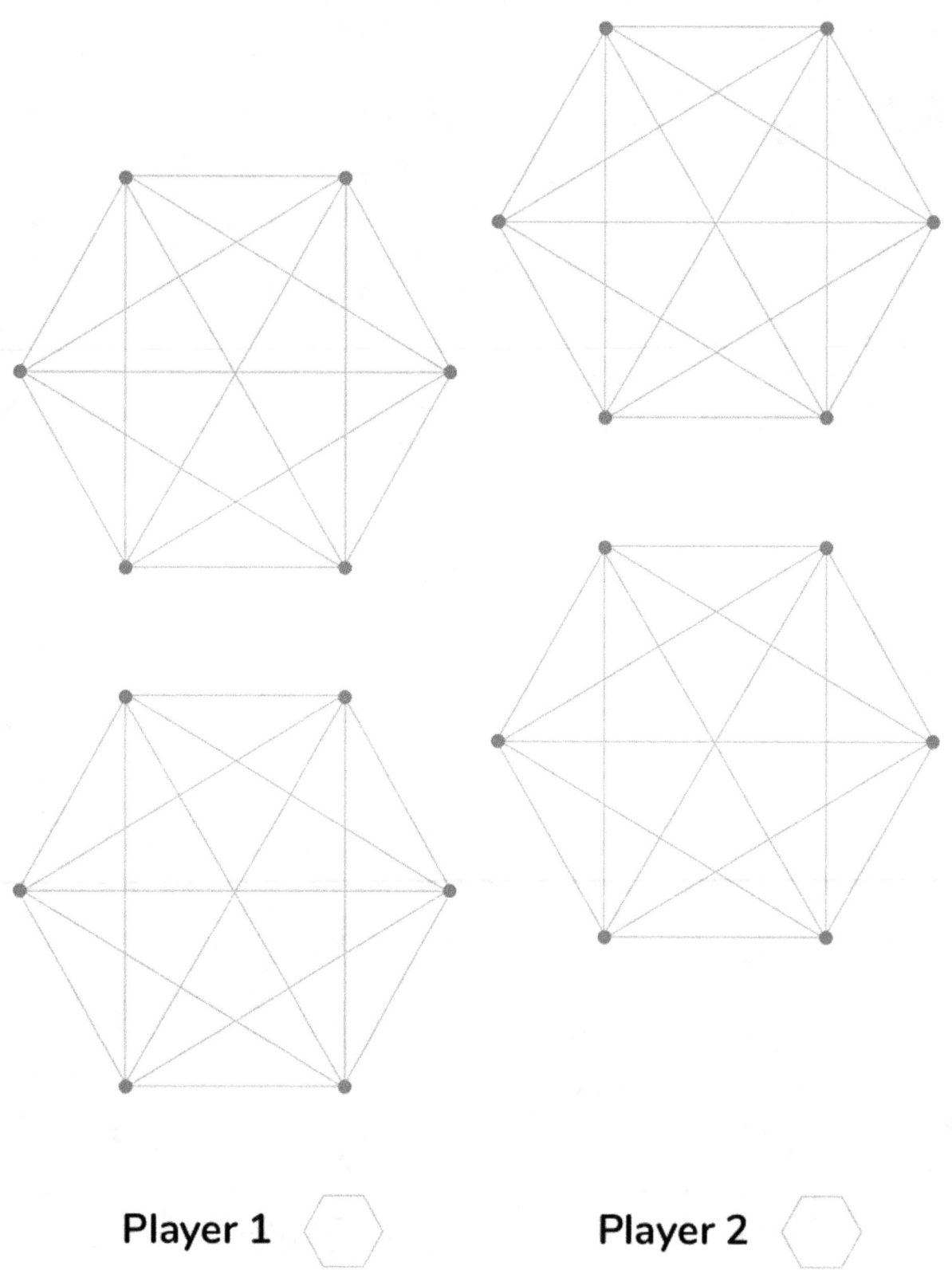

Player 1 ⬡   **Player 2** ⬡

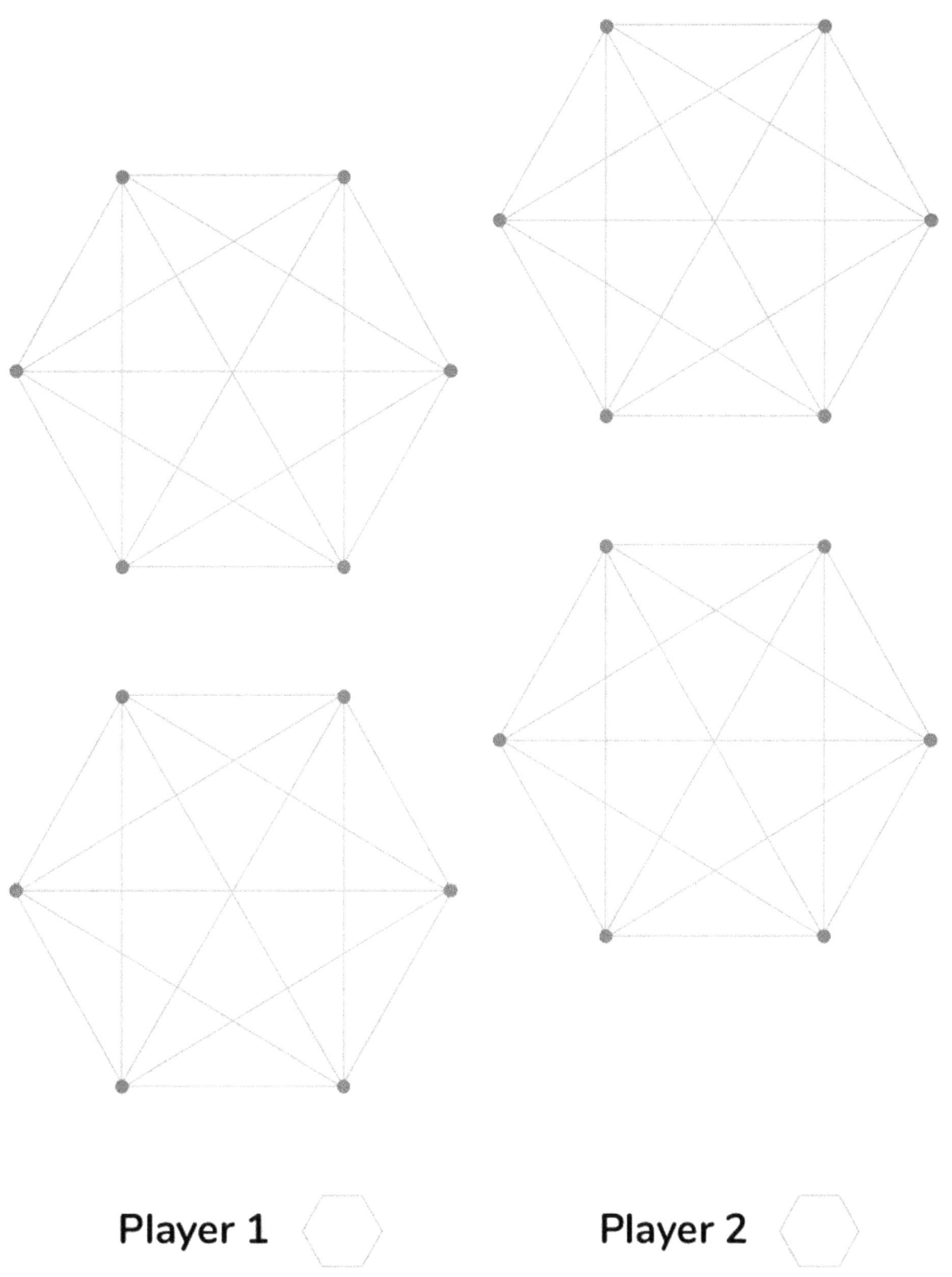

Player 1 ⬡

Player 2 ⬡

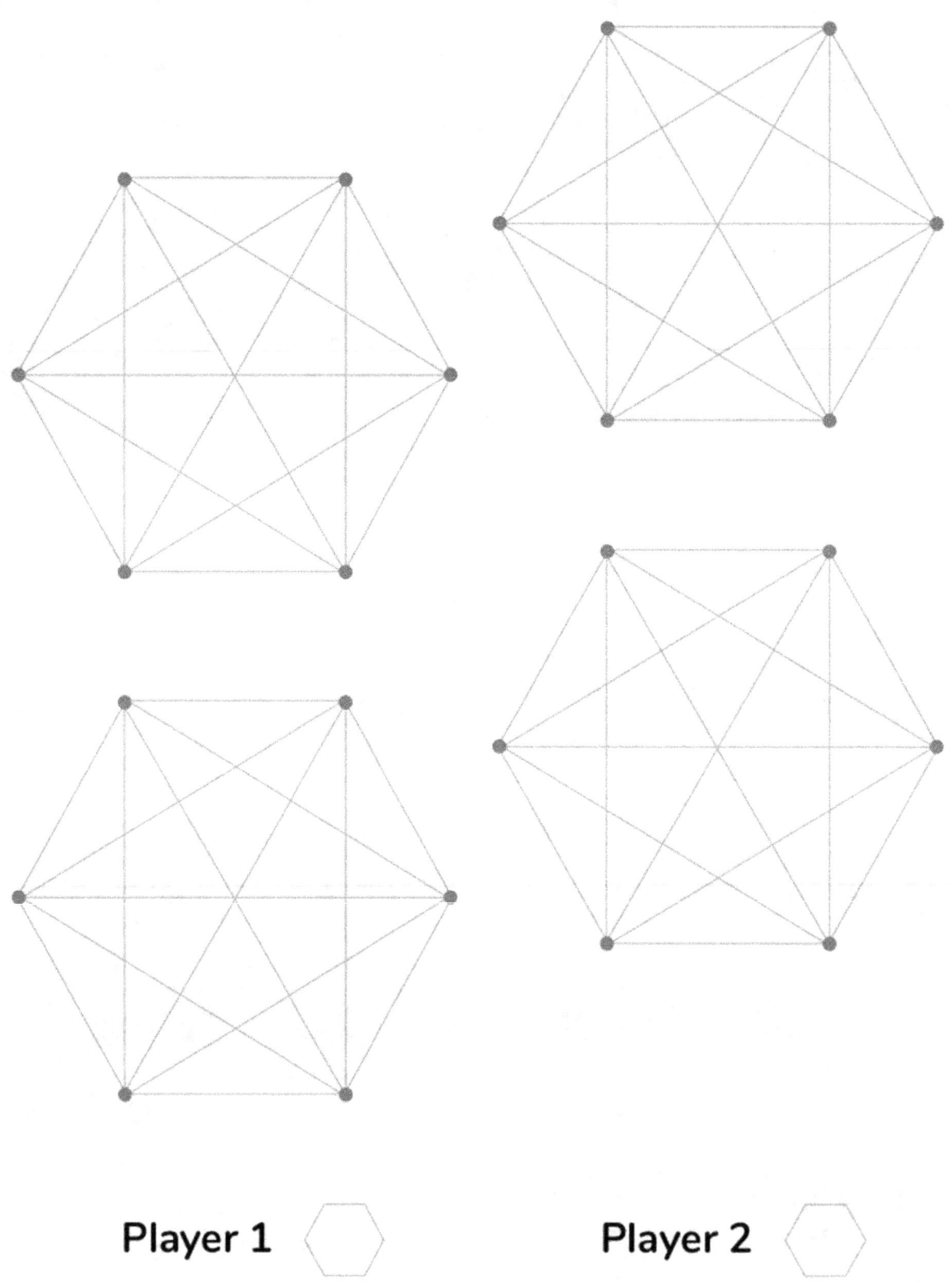

Player 1 ⬡   **Player 2** ⬡

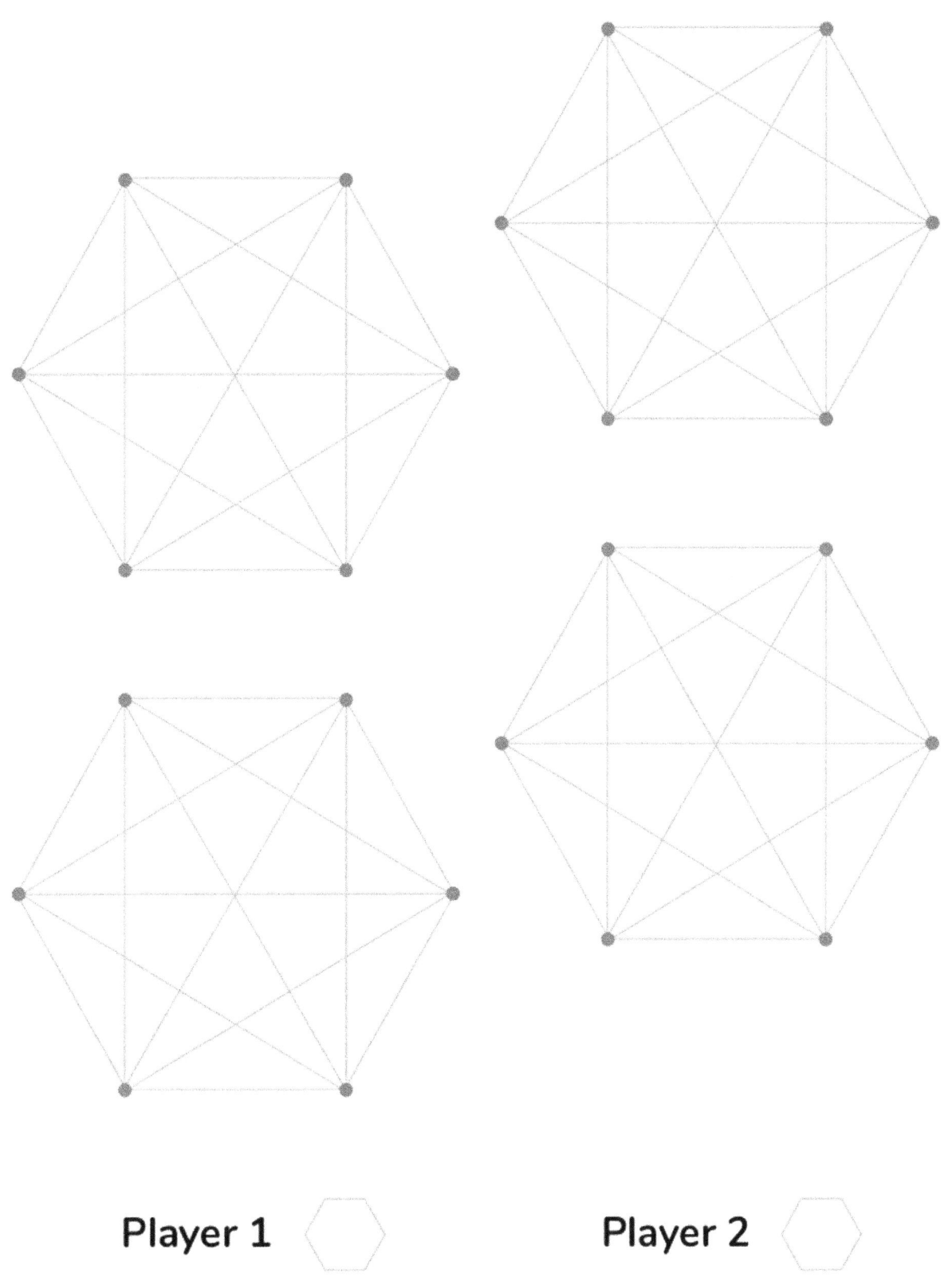

Player 1 ⬡   Player 2 ⬡